Inhalt

SRM Supplier Relationship Management

Kernthesen

Beitrag

Fallbeispiele

Weiterführende Literatur

Impressum

GENIOS WirtschaftsWissen Nr. 11/2003 vom 17.11.2003

SRM Supplier Relationship Management

I.Zeilhofer-Ficker

Kernthesen

- "Supplier Relationship Management" hat sich zum neuen Buzzword des Beschaffungswesens entwickelt.
- Von SRM erwartet man sich weitere Einsparungen im Beschaffungswesen, die sich direkt als Steigerung der Gewinnmarge eines Unternehmens auswirken.
- Viele, vor allem größere Unternehmen konnten mithilfe von e-Procurement-Lösungen vor allem für C-Teile bereits enorme Kosteneinsparungen erreichen.
- Über e-Procurement hinaus bietet das SRM

Analyse- und Controllingwerkzeuge, Systeme für das Vertrags- und Lieferantenmanagement sowie technische Unterstützung für die Lieferanten-Collaboration.
- Mit SRM werden Beschaffungsprozesse über Firmengrenzen hinweg optimiert, alle einkaufsrelevanten Daten erfasst und analysiert, die Lieferanten bewertet und ein strategisches Beschaffungscontrolling durchgeführt.
- In den USA könnten durch die Optimierung von Lieferantenmanagement und Beschaffungscontrolling jährlich 155 Milliarden Dollar an Kosten eingespart werden - in Deutschland dürfte ebenfalls ein Optimierungspotenzial in Milliardenhöhe zu finden sein.

Beitrag

Beschaffungsrationalisierung - ein Thema für jedes Unternehmen

64 Milliarden Euro werden deutsche Firmen 2003 in Informations- und Telekommunikationstechnik

investieren. (1) Drei Milliarden Euro davon sollen für das Supplier Relationship Management (SRM) ausgegeben werden. Bis zum Jahr 2010 soll das SRM-Marktvolumen schon 32 Milliarden Euro betragen und Experten glauben, dass SRM künftig das wichtigste Geschäftsfeld für B2B-Geschäfte überhaupt werden wird. (2)

Für das Beschaffungswesen wird ein enormes Rationalisierungspotenzial, vor allem bei den kleinen und mittleren Unternehmen gesehen. Da im Durchschnitt rund 50 Prozent des Umsatzes heutzutage direkt in die Beschaffung zurückfließen, ist durch niedrigere Beschaffungskosten eine wesentliche Steigerung der Gewinnmarge eines Unternehmens zu erreichen. Vor allem die Bündelung von Lieferanten findet hierzulande nicht in dem benötigten Ausmaß statt. Laut einer Studie des Bundesverbandes Materialwirtschaft und Logistik liegt der Lieferanten-Bündelungswert bei rund 67 Prozent aller Unternehmen nur bei unter 25 Prozent. (3), (8)

Von SRM-Softwarelösungen, vor allem den Branchenlösungen für kleinere und mittlere Betriebe, erwarten sich deshalb viele Hersteller in den kommenden Jahren einen satten Umsatzzuwachs.(4)

Was kann man von SRM erwarten

Differenzierung e-Procurement zu SRM

Wenn sich Unternehmen erstmals mit e-Procurement befassen, stehen meist die Automatisierung von bestimmten Beschaffungsvorgängen und die damit verbundene Prozesskosten- und Einkaufspreissenkung im Vordergrund. Erste Schritte in Richtung elektronischer Einkauf sind deshalb oft die Teilnahme an branchenspezifischen Marktplätzen oder elektronische Auktionen für strategisch unwichtige C-Teile. (2), (5)

Da für C-Teile einerseits meist der Preis über den Lieferanten entscheidet, sie andererseits trotz insgesamt niedrigem Einkaufsvolumen oft bis zu 80 Prozent des Beschaffungsaufwands verursachen, bietet sich hier die Automation zur Kostensenkung an. Neben der signifikanten Reduzierung des Aufwands für die Bestellabwicklung kann durch die Automatisierung sicher gestellt werden, dass wirklich nur zum günstigsten Preis eingekauft wird. Der Einsatz von e-Procurement-Werkzeugen für den Einkauf von C-Teilen ist daher schon weit verbreitet und signifikante Prozesskosteneinsparungen wurden realisiert. (2), (3)

Doch nicht immer ist das billigste Produkt auch das am besten geeignete. Speziell für strategisch wichtige A- und B-Teile spielen neben dem Preis noch eine Reihe anderer Faktoren eine gewichtige Rolle. Faktoren wie Qualität, Fachwissen des Lieferanten, Serviceleistungen, Kooperationsbereitschaft, Vertragsbedingungen, Lieferlogistik usw. sind hier oft ausschlaggebend für den Zuschlag. (3)

Das Supplier Relationship Management (SRM) setzt hier an und umfasst neben der automatisierten Bestellabwicklung (e-Procurement) die Bezugsquellenfindung (Sourcing), das Vertrags- und Herstellermanagement einschließlich dem Lieferanten-Rating, Analysen von Beschaffungsprozessen und -daten sowie das Beschaffungscontrolling. (6)

SRM macht dabei nicht an den Türen der Einkaufsabteilungen halt. Vielmehr gilt die Einbindung und Vernetzung mit Entwicklungsabteilungen, Verkauf, Produktion, Finanzen, IT und Geschäftsleitung als Schlüsselfunktion für das SRM. Ferner wird die strategische Ausrichtung der Beschaffung an den strategischen Unternehmenszielen als Basis jeglichen

SRMs angesehen . (6)

Ebenso wichtig ist die Einbindung der Lieferanten (Collaboration), also die datentechnische Verbindung der IT-Systeme, aber auch ihre Einbeziehung in Entwicklungs- und Designprozesse. Durch die Bereitstellung von Lieferantenportalen können weitere Prozessoptimierungen wie beispielsweise durch die elektronische Rechnungsstellung auf beiden Seiten erreicht werden. (6)

SRM erfolgreich umsetzen

Rationalisierung der Beschaffungsvorgänge sowie die Überprüfung von Lieferantenbeziehungen sollte in jeder Einkaufsabteilung Thema sein. Bevor die Implementierung einer SRM-Lösung ins Auge gefasst werden kann, müssen alle Beschaffungsprozesse überprüft und analysiert werden. Eine Beschaffungsstrategie, die sich an der Unternehmensstrategie orientiert, muss festgelegt und es muss klar definiert sein, welche Kriterien ein Lieferant erfüllen muss, damit man mit ihm zusammenarbeiten will. (2)

Der nächste Schritt ist eine Bestandsaufnahme der bereits vorhandenen e-Procurement-Tools und damit die Frage, wie sich diese in ein SRM-System einbinden lassen. Die meisten Software-Lieferanten bieten neben SRM-Komplettlösungen auch SRM-Module an, die sich mit den vorhandenen e-Procurement-Tools und der Firmen-ERP verbinden lassen. (2)

Ohne Zweifel lassen sich Einsparungen durch die Implementierung jedes SRM-Moduls für sich erzielen. Die strategische Managementwirkung von SRM entfaltet sich aber erst im Zusammenspiel aller SRM-Bestandteile miteinander und sollte daher das schlussendliche Ziel jeder SRM-Implementierung sein. (6)

Die SRM-Funktionalitäten

Alle Beschaffungsprozesse im Unternehmen müssen dahingehend analysiert werden, ob sie sich automatisieren oder wenigstens elektronisch unterstützen lassen und entsprechende elektronische Werkzeuge zur Verfügung gestellt werden. Selbstverständlich muss jeder Prozess dabei auch hinsichtlich seiner Effektivität auf den Prüfstand. (5)

SRM muss alle Daten in vergleichbarer Form zur Verfügung stellen, damit die für die

Kaufentscheidung relevanten Informationen auch genutzt werden können. Denn mit der heute verbreiteten Dezentralisierung des Einkaufs ist es oft äußerst schwierig herauszufinden, welche Teile von welchen Lieferanten zu welchem Preis in welchen Mengen geordert werden. Doch nur wenn diese Daten zeitnah verfügbar sind, können Sie für Vertragsverhandlungen genutzt und eingesetzt werden. (3)

Für strategische Sourcing-Entscheidungen sind außerdem Informationen über Beschaffungszeiten, Reklamationsquoten, Lieferkonditionen und Serviceleistungen von Interesse. Sind all diese Informationen als "zentrales Wissen" eines Unternehmens abrufbar, kann der optimale Lieferantenmix ermittelt und Beschaffungsvolumina standortübergreifend gebündelt werden. (3)

Ein Modul zum Vertragsmanagement muss alle Vertragsdaten speichern und vorhalten. Für die Vertragsgestaltung können Textbausteine oder Musterverträge genutzt werden.

Durch das Lieferantenbewertungsmodul lassen sich Stärken oder Schwachstellen eines Lieferanten erkennen und weiche Faktoren wie zum Beispiel Kooperationsfähigkeit und -willigkeit dokumentieren und berücksichtigen. (5)

Ein gezieltes Beschaffungscontrolling stellt sicher, dass Zielgrößen und Erfolgskriterien erreicht werden. (5)

Schließlich ermöglicht das SRM die Collaboration mit Lieferanten. Voraussetzungen sind das entsprechende Know-How beim Lieferanten, damit Design- oder Produktions-Prozesse optimiert oder verkürzt werden können, sowie passende IT-Systeme. Möglich ist auch die Schaffung eines Lieferantenportals zur elektronischen Vorgangsabwicklung. (5)

Technische Möglichkeiten

Die Anbieter von SRM-Lösungen kann man unterteilen in Generalisten wie beispielsweise SAP und Anbieter, die sich oft auf Branchenlösungen oder einzelne Module des SRM spezialisiert haben. Das vorhandene ERP-System muss bei der Entscheidung für eine Lösung genauso berücksichtigt werden, wie die vorhandene e-Procurement-Software, die firmenspezifischen Beschaffungsprozesse sowie zu lösende Aufgaben- und Fragestellung des Betriebs. (7)

Fallbeispiele

SRM-Anbieter

Jede SRM-Lösung ist auf die Daten aus einem vorhandenen ERP-System angewiesen. Die Haupt-ERP-Anbieter haben deshalb schon seit einiger Zeit SRM-Angebote auf dem Markt.
Laut Analysten ist das PeopleSoft SRM-Paket die umfangreichste SRM-Lösung. Es beinhaltet Module für Strategisches Sourcing, Service Procurement, E-Settlement, Supplier Collaboration und Supplier Rating. (6), (7)

Die Version 3.0 von mySAP SRM kombiniert die operative Beschaffung, das strategische Sourcing, Vertrags- und Content-Management. Sie unterstützt Live-Auktionen und stellt ein Lieferantenportal zur Verfügung. (15) In Verbindung mit Heiler Premium Solutions kann das Katalog- und Content Management vollständig automatisiert werden. (6), (7) Heiler stellt im Internet eine reale SRM-Architektur auf der Basis von mySAP SRM zur Verfügung, auf der traditionelle Beschaffungsvorgänge online getestet werden können. (14) (www.heiler.de/SRMDemo.asp)

Die SRM-Lösung von Lynx-Consulting beinhaltet die strategische und operative Beschaffung, das Monitoring inklusive Einkaufscontrolling sowie die Lieferantenintegration. (6)

Die Deichmann-Gruppe will durch den Einsatz der Onventis-Lösung "Tradecore SRM" vor allem eine Senkung der Material- und Prozesskosten erreichen. Tradecore SRM enthält neben Sourcing- und Ordering-Funktionalitäten auch die elektronische Lieferantenanbindung. (2), (16)

Die von der SAS Institute GmbH vertriebene SRM-Lösung baut auf einem Data Warehouse auf. Firmen wie ABB, Bayer Crop Science und die Group Schneider setzen diese Lösung erfolgreich ein. (3)

Das Buch "Management und Controlling von Einkauf und Logistik" von Prof. Ronald Bogaschewsky und Prof. Uwe Goetze befasst sich im dritten Teil ausführlich mit e-Procurement und Supplier Relationship Management. (17)

Weiterführende Literatur

(1) Buchner, Manfred, IT-Trends/Große IT-Anbieter suchen kleine Kunden - Die Entdeckung des Mittelstands, Computerwoche, 17.10.2003, Nr. 42, S. 46

- 47
aus afz - allgemeine fleischer zeitung Nr. 33 vom 13.08.2003 Seite 004

(2) Popall, Roland, Supplier Relationship Management - Die zweite Welle des E-Procurement, CYBIZ 06/07 vom 19.06.2003, S. 30
aus afz - allgemeine fleischer zeitung Nr. 33 vom 13.08.2003 Seite 004

(3) Supplier Relationship Management - Strategie kontra Taktik
aus LOGISTIK HEUTE, Heft 6/2003, S. 64-65

(4) BUSINESS SCOUT MARKTÜBERSICHT Auf jeden Topf passt ein Deckel
aus IT Business, Heft 36/2003, S. 22

(5) Weilnhammer, Ulrich, SRM: Lieferantenbeziehungen auf dem Prüfstand - Wertschöpfung im Einkauf neu definiert, Industrieanzeiger, Heft 37, 2003, S. 56
aus IT Business, Heft 36/2003, S. 22

(6) Expertenbefragung zur Optimierung im Einkauf und bei der Beschaffung - Supplier Relationship Management
aus is report, Heft 10/2003, S. 24-28

(7) Matzer, Michael, Kostenvorteile im Einkauf sind das Ziel - Brückenschlag zu Kundenbetreuung und Produktdatenmanagement verbessert die Prozesse,

Computer Zeitung, Heft 44, 2003, S. 14
aus is report, Heft 10/2003, S. 24-28

(8) Beschaffung indirekter Materialien häufig durch externe Dienstleister, DVZ, Nr. 134, 08.11.2003
aus is report, Heft 10/2003, S. 24-28

(9) Kümmerlen, Robert, Verantwortung verlagern, DVZ, Nr. 134, 08.11.2003
aus is report, Heft 10/2003, S. 24-28

(10) Behrenbeck, Klaus / Großpietsch, Jochen / Thonemann, Ulrich / Küpper, Jörn, Wie Handel und Hersteller besser kooperieren, Harvard Business Manager, 01.09.2003, S. 39
aus is report, Heft 10/2003, S. 24-28

(11) Baumgärtner, Thomas, Wertschöpfungsstruktur im Umbruch: Zukunftschancen des automobilen Mittelstandes sind ungewiss, Industrieanzeiger, Heft 36, 2003, S. 32
aus is report, Heft 10/2003, S. 24-28

(12) Naujoks, Frank, Frank Naujoks zur Zukunft der Internet-Marktplätze, Industrieanzeiger, Heft 35, 2003, S. 37
aus is report, Heft 10/2003, S. 24-28

(13) Dr. Benz, Michael, Logistiker übernehmen mehr Funktionen, DVZ, Nr. 132, 04.11.2003
aus is report, Heft 10/2003, S. 24-28

(14) Heiler online - SRM-Lösungen selbst testen, BA

Beschaffung aktuell, Heft 7,2003, S. 55
aus is report, Heft 10/2003, S. 24-28

(15) SRM Jetzt mit Live-Auktionen, CYBIZ 06/07 vom 19.06.2003, S. 64
aus is report, Heft 10/2003, S. 24-28

(16) Projekte, Deichmann will Beschaffung straffen, Computerwoche, 08.08.2003, Nr. 32, S. 31
aus is report, Heft 10/2003, S. 24-28

(17) "Management und Controlling von Einkauf und Logistik", DVZ, Nr. 099, 19.08.2003
aus is report, Heft 10/2003, S. 24-28

Impressum

SRM Supplier Relationship Management

Bibliografische Information der deutschen Nationalbibliothek

Die Deutsche Nationalbibliothek verzeichnet diese Publikation in der deutschen Nationalbibliografie; detaillierte bibliografische Daten sind im Internet über http://dnb.d-nb.de abrufbar.

ISBN: 978-3-7379-1028-6

© 2015 GBI-Genios Deutsche Wirtschaftsdatenbank GmbH, Freischützstraße 96, 81927 München, www.genios.de

Alle Rechte vorbehalten. Dieses Werk ist einschließlich aller seiner Teile – z.B. Texte, Tabellen und Grafiken - urheberrechtlich geschützt. Jede Verwertung außerhalb der Grenzen des Urheberrechtsgesetzes bedarf der vorherigen Zustimmung des Verlags. Dies gilt insbesondere auch für auszugsweise Nachdrucke, fotomechanische Vervielfältigungen (Fotokopie/Mikroskopie), Übersetzungen, Auswertungen durch Datenbanken oder ähnliche Einrichtungen und die Einspeicherung und Verarbeitung in elektronischen Systemen.